I0007534

Leren programmeren met
Python voor beginners

Python 3

Inhoud

Voorwoord

Welkom bij *Python voor Beginners*! Dit boek is bedoeld voor iedereen die geïnteresseerd is in het leren van programmeren, en in het bijzonder Python – een van de populairste en toegankelijkste programmeertalen ter wereld. Of je nu een absolute beginner bent of al enige ervaring hebt, dit boek biedt je de basisprincipes die je nodig hebt om succesvol te worden als programmeur.

Leren programmeren is een reis, geen race. Het kan soms uitdagend zijn, maar het is belangrijk om geduldig met jezelf te zijn. Iedereen leert op zijn of haar eigen tempo, en de sleutel tot succes is doorzettingsvermogen en oefenen. Hier volgen enkele tips om het leren van programmeren optimaal aan te pakken:

1. **Begin met de basis**: Het is verleidelijk om meteen geavanceerdere concepten aan te pakken, maar de basis is essentieel. Begrijp hoe variabelen werken, hoe je eenvoudige berekeningen maakt en hoe je logica toepast in je code. Zonder een stevig fundament kan het moeilijk zijn om verder te bouwen.

2. **Leer door te doen**: De beste manier om te leren programmeren is door het zelf te proberen. Het is niet genoeg om alleen maar de voorbeelden in dit boek te lezen; je moet zelf code schrijven en experimenteren. Maak kleine programma's en breid ze steeds verder uit. Fouten maken is een normaal onderdeel van het proces, dus wees niet bang om fouten te maken. Ze bieden juist waardevolle leermomenten.

3. **Oefen regelmatig**: Programmeren is een vaardigheid die je ontwikkelt door oefening. Probeer dagelijks of wekelijks wat tijd in te plannen om te coderen. Hoe meer je oefent, hoe sneller je vertrouwd raakt met de taal en de concepten.

4. **Vraag om hulp**: Als je vastloopt, aarzel dan niet om hulp te vragen. Er zijn talloze online communities waar ervaren programmeurs bereid zijn om je te helpen. Ook kun je altijd een mentor of medestudent raadplegen voor advies.

5. **Wees geduldig en blijf nieuwsgierig**: Programmeren kan in het begin ontmoedigend lijken, maar naarmate je meer leert, zul je merken dat het steeds gemakkelijker wordt. Wees nieuwsgierig en blijf experimenteren met nieuwe

ideeën en technieken. Het leren van een programmeertaal is een doorlopend proces, dus blijf nieuwsgierig en stel jezelf de vraag: "Wat kan ik vandaag leren?"

Met dit boek wil ik je begeleiden op je eerste stappen in de wereld van programmeren. Python is een geweldige taal voor beginners, maar ook voor gevorderden. Het biedt veel kracht en flexibiliteit, en je zult merken dat je met de vaardigheden die je hier leert, een solide basis hebt om verder te groeien als programmeur.

Ik wens je veel succes en plezier op je leerreis. Vergeet niet: programmeren is een avontuur, dus geniet van de reis!

1. Wat is programmeren?

Programmeren is het schrijven van instructies voor een computer. Een computer begrijpt alleen heel eenvoudige en precieze opdrachten. Als je wilt dat een computer iets doet, moet je stap voor stap uitleggen wat er moet gebeuren. Dit doe je met een programmeertaal, zoals Python.

Waarom programmeren?

Programmeren helpt ons om taken automatisch uit te voeren. Denk bijvoorbeeld aan een rekenmachine-app op je telefoon. In plaats van zelf moeilijke sommen uit te rekenen, voert de app het voor je uit. Dit werkt omdat een programmeur de juiste stappen in code heeft geschreven. Programmeren maakt het leven makkelijker en helpt bij het oplossen van problemen.

Hoe werkt een programma?

Een programma is een reeks instructies die de computer moet uitvoeren. Stel je voor dat je een boterham met pindakaas wilt maken. Je kunt de stappen zo opschrijven:

1. Pak een boterham.
2. Pak een pot pindakaas.
3. Gebruik een mes om pindakaas op de boterham te smeren.
4. Leg een tweede boterham erbovenop.

Als een computer dit zou moeten doen, zou je deze stappen in code moeten schrijven. Dit heet **algoritmisch denken**: nadenken over duidelijke en logische stappen.

Een eerste voorbeeld in Python

Laten we een simpel voorbeeld bekijken in Python. Stel dat je een computer wilt laten zeggen: "Hallo, wereld!". Dit kan met de volgende code:

```python
print("Hallo, wereld!")
```

Wanneer je dit uitvoert, zal de computer precies die tekst op het scherm tonen. Dit is een basisprincipe van programmeren: je geeft een opdracht, en de computer voert het uit.

Computertaal versus menselijke taal

Mensen praten met woorden en zinnen, maar computers begrijpen alleen binaire code (nullen en enen). Programmeertalen zoals Python vertalen jouw instructies in een taal die de computer begrijpt. Hierdoor kun je met eenvoudige Engelse woorden en symbolen instructies schrijven, zonder direct nullen en enen te hoeven gebruiken.

Wat kun je met programmeren?

Programmeren wordt overal gebruikt. Hier zijn een paar voorbeelden:

- **Games**: Computerspellen zoals Minecraft en Fortnite worden gemaakt met code.
- **Websites**: Websites zoals Google en Facebook werken door programma's.
- **Apps**: Apps op je telefoon, zoals WhatsApp of TikTok, zijn geprogrammeerd.
- **Slimme apparaten**: Een slimme thermostaat of robotstofzuiger gebruikt code om beslissingen te nemen.

Samenvatting

Programmeren is een manier om een computer opdrachten te geven. Dit doe je met een programmeertaal, zoals Python. Het helpt bij het automatiseren van taken en wordt in veel verschillende gebieden gebruikt. In de volgende hoofdstukken leer je hoe je zelf kunt programmeren met Python!

2. Installatie en eerste stappen

Python is een programmeertaal die je helpt om op een eenvoudige manier software te maken. Het is een taal die veel gebruikt wordt door beginners, maar ook door bedrijven en wetenschappers. Python is makkelijk te lezen en te leren. Daarom is het een goede keuze om mee te beginnen als je wilt leren programmeren.

Met Python kun je bijvoorbeeld:
- Rekensommen maken
- Teksten bewerken
- Programma's schrijven die beslissingen nemen
- Kleine spelletjes bouwen
- Data analyseren

Voordat we aan de slag gaan met programmeren, moeten we Python op onze computer installeren.

Om met Python te werken, moeten we het eerst op de computer installeren. Dit kan op Windows, macOS en Linux.

Python downloaden

1. Ga naar de website van Python: https://www.python.org.
2. Klik op de knop **Download Python** (de nieuwste versie wordt automatisch voorgesteld). *Wij gebruiken in onze voorbeelden de versie 3.*
3. Open het gedownloade bestand en volg de instructies om Python te installeren.

⚠ **Belangrijk:** Tijdens de installatie moet je een vinkje zetten bij **"Add Python to PATH"**. Dit zorgt ervoor dat je Python vanuit elke map op je computer kunt gebruiken.

Controleren of Python werkt

Als de installatie klaar is, kun je controleren of Python goed is geïnstalleerd:

1. Open de **Opdrachtprompt (Windows)** of **Terminal (macOS/Linux)**.

2. Typ het volgende commando en druk op **Enter**:
python --version

3. Als alles goed is gegaan, zie je een melding zoals:
Python 3.x.x

Dit betekent dat Python correct is geïnstalleerd.

Een programmeeromgeving kiezen

Om met Python te programmeren, heb je een **IDE** (Integrated Development Environment) of een **teksteditor** nodig. Dit is een programma waarin je code kunt schrijven, testen en uitvoeren. **Wij gebruiken Thonny.**

Voor beginners is **Thonny** een goede keuze. Dit is een eenvoudige programmeeromgeving speciaal gemaakt voor mensen die leren programmeren.

Thonny installeren:

1. Ga naar https://thonny.org.
2. Download en installeer Thonny zoals een normaal programma.
3. Open Thonny en je ziet een eenvoudig venster waarin je direct kunt beginnen met programmeren.

In Thonny kun je code schrijven en meteen zien wat er gebeurt als je op de **"Run"** knop drukt.

Andere programmeeromgevingen

Er zijn ook andere programma's waarmee je Python-code kunt schrijven:

- **IDLE** (zit standaard bij Python) → Simpel en lichtgewicht
- **PyCharm** (gratis en betaalde versie) → Voor grotere projecten
- **Visual Studio Code** → Veel functies, geschikt voor gevorderden
- **Jupyter Notebook** → Handig voor data-analyse en grafieken

Voor nu houden we het bij **Thonny**, omdat het overzichtelijk is en speciaal ontworpen is voor beginners.

Je eerste Python-programma

Nu we alles geïnstalleerd hebben, kunnen we ons eerste Python-programma schrijven:

1. Open **Thonny**.

Typ de volgende code in het venster:
 print("Hallo, wereld!")

2. Druk op de **"Run"** knop (of druk op **F5**).
3. Je ziet de tekst **Hallo, wereld!** op het scherm verschijnen.

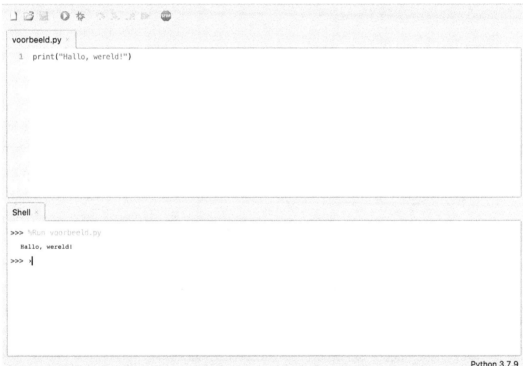

Dit is het eenvoudigste Python-programma. De **print()** functie zorgt ervoor dat tekst op het scherm wordt getoond.

Een simpele rekensom

Python kan ook rekenen. Probeer het volgende eens:

print(5 + 3)

Als je dit uitvoert, krijg je als antwoord:

8

Met Python kun je alle soorten berekeningen maken, zoals optellen (+), aftrekken (-), vermenigvuldigen (*) en delen (/).

Basisregels van Python

Om goed met Python te kunnen werken, moet je een paar basisregels kennen:

1. Let op hoofdletters en kleine letters:

Python ziet een verschil tussen **Hallo** en **hallo**.

print("Hallo") # Dit werkt

Print("Hallo") # Dit geeft een fout, want 'Print' moet 'print' zijn

2. Gebruik inspringingen (spaties aan het begin van een regel):

In Python gebruik je inspringingen om blokken code aan te geven, bijvoorbeeld bij **if-uitspraken** en **lussen**.

if 5 > 3:

   print("5 is groter dan 3") # Dit werkt, omdat de regel is ingesprongen

3. Commentaar toevoegen met #:

Je kunt uitleg toevoegen aan je code met een **#**-teken. Dit heeft geen invloed op de werking van je programma.

Dit is een commentaarregel

```
print("Dit wordt wel uitgevoerd")
```

Samenvatting

In dit hoofdstuk hebben we geleerd hoe je Python installeert en gebruikt. We hebben:
■ *Python en Thonny geïnstalleerd*
■ *Ons eerste programma geschreven*
■ *Basisregels van Python geleerd*

3. Geschiedenis van Programmeertalen en Python

Programmeertalen bestaan al heel lang. De eerste programmeertalen werden gebruikt in de jaren 50 en 60. Toen waren computers groot en duur, en je moest ingewikkelde codes typen om ze te laten werken. Mensen bedachten programmeertalen om dit makkelijker te maken.

Veel programmeertalen hebben iets gemeen. Ze helpen de computer begrijpen wat je bedoelt. De meeste talen gebruiken wiskundige regels en logica om berekeningen en opdrachten uit te voeren. Ze hebben allemaal manieren om gegevens op te slaan (zoals getallen en tekst) en om beslissingen te nemen (zoals "als dit waar is, doe dan dat").

Programmeertalen kunnen op verschillende manieren worden gebruikt. Sommige zijn geschikt voor websites (zoals JavaScript), andere voor games (zoals C# en Unity), en weer andere voor het bouwen van slimme computersystemen (zoals Python en AI-programma's). Maar in de kern hebben ze allemaal hetzelfde doel: een manier bieden om met een computer te communiceren.

Het Ontstaan van Python

Python is een programmeertaal die in 1989 werd bedacht door Guido van Rossum, een Nederlandse programmeur. Hij wilde een taal maken die eenvoudig te leren en te lezen was. Veel programmeertalen uit die tijd waren ingewikkeld en moeilijk te begrijpen voor beginners. Python moest dat probleem oplossen.

De naam "Python" komt niet van de slang, maar van de Britse komedieserie *Monty Python's Flying Circus*. Guido van Rossum vond dat programmeren leuk moest zijn en koos daarom een grappige naam voor zijn taal.

Python werd officieel uitgebracht in 1991. Sindsdien is de taal steeds populairder geworden. Dit komt vooral doordat de code van Python kort en duidelijk is. Je hoeft niet veel regels te schrijven om iets te laten werken. Dit maakt het een goede taal voor beginners.

Python wordt tegenwoordig bijna overal gebruikt. Omdat het zo makkelijk te leren is, wordt het op scholen en universiteiten geleerd als eerste programmeertaal.

Bedrijven gebruiken Python voor allerlei toepassingen:

- **Websites en apps:** Grote bedrijven zoals Google en Instagram gebruiken Python om hun platforms te bouwen.
- **Data-analyse en kunstmatige intelligentie:** Python is een van de belangrijkste talen voor AI en machine learning. Bedrijven zoals Tesla gebruiken het om zelfrijdende auto's slimmer te maken.
- **Automatisering:** Veel bedrijven gebruiken Python om saaie taken automatisch te laten doen, zoals het verwerken van grote hoeveelheden data.
- **Games:** Hoewel Python niet de populairste gametaal is, wordt het soms gebruikt voor kleine spellen of om dingen in games te automatiseren.
- **Wetenschappelijk onderzoek:** Universiteiten en onderzoekers gebruiken Python om grote berekeningen en simulaties te doen.

Omdat Python zo veelzijdig is, blijft het een van de populairste programmeertalen ter wereld. Zowel beginners als professionele programmeurs werken ermee.

Samenvatting

Met deze informatie heb je een goed beeld van de geschiedenis van programmeertalen, hoe Python is ontstaan en waar het allemaal voor wordt gebruikt. Python is een krachtige taal, maar toch eenvoudig genoeg om mee te beginnen!

4. Variabelen, operators en expressies

Python is een programmeertaal waarmee je computers opdrachten kunt geven. Om goed te leren programmeren, is het belangrijk om te begrijpen hoe Python omgaat met gegevens (**datatypes**) en hoe je berekeningen kunt maken met **operators**. Daarnaast is het essentieel om te weten hoe je **variabelen** gebruikt om gegevens op te slaan.

Een **variabele** is een naam die je geeft aan een stukje informatie in je programma. In Python gebruik je variabelen om gegevens op te slaan, zodat je ze later kunt hergebruiken.

Variabelen aanmaken (Declareren)

In Python hoef je **geen** datatype vooraf te specificeren, zoals in andere talen (bijvoorbeeld `int` of `string` in Java of C++). Je declareert een variabele eenvoudig door een naam te kiezen en er een waarde aan toe te wijzen met het `=`-teken.

Voorbeeld:

naam = "Alice"   # Een variabele met een tekst (string)

leeftijd = 25   # Een variabele met een heel getal (integer)

lengte = 1.75   # Een variabele met een kommagetal (float)

student = True   # Een variabele met een boolean (True of False)

print(naam)   # Output: Alice

print(leeftijd)   # Output: 25

print(lengte)   # Output: 1.75

print(student)   # Output: True

Python herkent automatisch het juiste datatype op basis van de waarde die je toewijst.

Regels voor het Gebruiken van Variabelen

Bij het benoemen van variabelen gelden de volgende regels:

- Een variabele **moet beginnen met een letter** (a-z, A-Z) of een **underscore (_)**.
- De rest van de naam mag bestaan uit **letters**, **cijfers** en **underscores**.
- Variabelen zijn **hoofdlettergevoelig** (Naam en naam zijn verschillende variabelen).
- Je mag **geen Python-gereserveerde woorden** gebruiken als variabelenaam (zoals print, if, for).
- Gebruik **duidelijke namen** die de betekenis van de variabele aangeven.

Fout voorbeeld:

2getal = 10   # ✖ FOUT! Een variabele mag niet met een cijfer beginnen

print = "Hallo" # ✖ FOUT! "print" is een gereserveerd woord in Python

Goed voorbeeld:

getal2 = 10   # ■ Correct

mijn_naam = "Bob" # ■ Correct

Waarden van Variabelen Wijzigen

Je kunt een variabele later in het programma een andere waarde geven.

Voorbeeld:

x = 5

print(x) # Output: 5

x = 10   # Waarde wijzigen

print(x) # Output: 10

Variabelen in Python kunnen ook van **datatype veranderen**. Dit betekent dat je een variabele die eerst een getal was, later een tekst kunt maken.

Voorbeeld:

a = 20   # Eerst een getal

a = "hallo" # Nu een tekst (string)

print(a) # Output: hallo

Meerdere Variabelen in Één Regel Toewijzen

Je kunt meerdere variabelen tegelijkertijd een waarde geven.

Voorbeeld:

a, b, c = 10, 20, 30

print(a, b, c) # Output: 10 20 30

Als alle variabelen dezelfde waarde moeten krijgen, kun je dit als volgt doen:

x = y = z = 50

print(x, y, z) # Output: 50 50 50

Variabelen Combineren in Expressies

Je kunt variabelen gebruiken in expressies met operators.

Voorbeeld met rekenkundige operators:

a = 10

b = 5

som = a + b

verschil = a - b

product = a * b

deling = a / b

print(som)   # Output: 15

print(verschil) # Output: 5

print(product) # Output: 50

print(deling)   # Output: 2.0

Variabelen en Strings Combineren

Je kunt tekst combineren met variabelen door **f-strings** of **concatenatie**.

F-strings (Aanbevolen manier in Python 3.6+)
naam = "Emma"

leeftijd = 22

print(f"Hallo, mijn naam is {naam} en ik ben {leeftijd} jaar oud.")

Output:

```
Hallo, mijn naam is Emma en ik ben 22 jaar oud.
```

Concatenatie met +

naam = "Emma"

leeftijd = 22

print("Hallo, mijn naam is " + naam + " en ik ben " + str(leeftijd) + " jaar oud.")

Let op: Je moet `leeftijd` omzetten naar een string met `str()`.

Datatypes en Operators in Python

Python is een programmeertaal waarmee je computers opdrachten kunt geven. Om goed te leren programmeren, is het belangrijk om te begrijpen hoe Python omgaat met gegevens (data) en hoe je berekeningen kunt maken. Dit hoofdstuk behandelt **datatypes** en **operators** in Python.

Gegevens in Python hebben verschillende **soorten**, ook wel **datatypes** genoemd. Een datatype bepaalt **wat** voor soort informatie wordt opgeslagen en **wat je ermee kunt doen**. De belangrijkste datatypes in Python zijn:

1. **Getallen (integers en floats)**

   - **Hele getallen** (integers) zijn bijvoorbeeld: `1, 25, -10, 1000`.
   - **Kommagetallen** (floats) zijn bijvoorbeeld: `3.14, 0.5, -2.75`.
   - In Python gebruik je altijd een **punt** (`.`) in plaats van een **komma** om decimalen aan te geven, bijvoorbeeld: `2.5` (en niet `2,5`).

2. **Tekst (strings)**

   - Een string is een stuk tekst en wordt geschreven tussen **aanhalingstekens** (`"` of `'`).
   - Bijvoorbeeld: `"Hallo wereld"`, `'Python is leuk'`.

3. **Booleans (waar of niet waar)**

   - Een **boolean** kan maar twee waarden hebben: True (waar) of False (niet waar).
   - Dit wordt vaak gebruikt in logische tests, zoals: 5 > 3 (dit is True) of 2 == 4 (dit is False).

4. **Lijsten (lists)**

   - Een lijst kan meerdere waarden opslaan, zoals getallen of tekst.
   - Bijvoorbeeld: [1, 2, 3, 4] of ["appel", "banaan", "kers"].

Operators en Expressies

Een **operator** is een teken of symbool waarmee je **bewerkingen** kunt uitvoeren op gegevens. Een **expressie** is een combinatie van **waarden**, **variabelen** en **operators** die samen een resultaat opleveren.

Rekenkundige Operators (Arithmetic Operators)

Met rekenkundige operators kun je berekeningen maken, zoals optellen en aftrekken.

Operator	Betekenis	Voorbeeld	Resultaat
+	Optellen	5 + 3	8
-	Aftrekken	10 - 4	6
*	Vermenigvuldigen	6 * 2	12
/	Delen	9 / 3	3.0

//	Gehele deling	10 // 3	3
%	Modulus (rest bij deling)	10 % 3	1
**	Machtsverheffing	2 ** 3	8

Voorbeeld in Python:

a = 10

b = 3

print(a + b) # 13

print(a // b) # 3

print(a % b)   # 1

Vergelijkingsoperators (Comparison Operators)

Met vergelijkingsoperators kun je controleren of waarden **gelijk**, **groter** of **kleiner** zijn. Dit levert altijd True of False op.

Operator	Betekenis	Voorbeeld	Resultaat
==	Is gelijk aan	5 == 5	True
!=	Is niet gelijk aan	5 != 3	True
>	Groter dan	10 > 5	True

<	Kleiner dan	`2 < 8`	`True`
>=	Groter dan of gelijk aan	`4 >= 4`	`True`
<=	Kleiner dan of gelijk aan	`6 <= 3`	`False`

Voorbeeld in Python:

x = 7

y = 10

print(x > y)   # False

print(x <= y) # True

print(x != y) # True

Logische Operators (Logical Operators)

Met logische operators kun je meerdere voorwaarden combineren.

Operator	Betekenis	Voorbeeld	Resultaat
`and`	Beide voorwaarden moeten `True` zijn	`(5 > 3) and (10 > 5)`	`True`
`or`	Eén van de voorwaarden moet `True` zijn	`(5 > 10) or (8 > 4)`	`True`
`not`	Draait `True` en `False` om	`not (5 > 3)`	`False`

Voorbeeld in Python:

a = True

b = False

print(a and b) # False

print(a or b) # True

print(not a) # False

Toewijzingsoperators (Assignment Operators)

Met toewijzingsoperators geef je een waarde aan een **variabele**.

Operator	Betekenis	Voorbeeld	Betekenis
=	Toewijzen	x = 5	x krijgt waarde 5
+=	Optellen en toewijzen	x += 3	x wordt x + 3
-=	Aftrekken en toewijzen	x -= 2	x wordt x - 2
*=	Vermenigvuldigen en toewijzen	x *= 4	x wordt x * 4
/=	Delen en toewijzen	x /= 2	x wordt x / 2

Voorbeeld in Python:

x = 5

x += 3 # x wordt 8

print(x)

Samenvatting

■ **Variabelen** *slaan informatie op die later gebruikt kan worden.*
■ *Python kent verschillende **datatypes**, zoals **integers**, **floats**, **strings**, **booleans** en **lijsten**.*
■ *Je declareert een variabele door een naam te geven en een waarde toe te wijzen (x = 10).*
■ *Variabelen kunnen gewijzigd worden en ze kunnen een nieuw datatype krijgen.*
■ *Variabelen kunnen gebruikt worden in berekeningen en expressies.*
■ *Gebruik duidelijke en geldige namen voor variabelen.*

Datatypes *bepalen het type gegevens dat Python gebruikt, zoals getallen, tekst en lijsten.*
Operators *worden gebruikt voor berekeningen, vergelijkingen en logische tests.*
Expressies *combineren operators en waarden om resultaten te berekenen.*

5. Beslissingen maken met if-else

Soms wil je dat een programma verschillende dingen doet, afhankelijk van een situatie. Bijvoorbeeld: als het regent, neem je een paraplu mee. Als het niet regent, laat je de paraplu thuis. In een programma noemen we dit **beslissingen maken**.

In Python gebruiken we het **if-else**-statement om zulke beslissingen te maken.

De basis van if-else

Met een **if**-statement laat je een programma controleren of iets waar is. Als het waar is, voert het een stuk code uit. Als het niet waar is, kun je met **else** een andere actie laten uitvoeren.

Voorbeeld:

leeftijd = 18

if leeftijd >= 18:

   print("Je mag stemmen!")

else:

   print("Je bent te jong om te stemmen.")

Uitleg:

- Als de leeftijd **18 of ouder** is, verschijnt de tekst: "Je mag stemmen!".
- Als de leeftijd **kleiner dan 18** is, verschijnt de tekst: "Je bent te jong om te stemmen.".

If-else met meerdere keuzes (if-elif-else)

Soms wil je meerdere mogelijkheden testen. Dat kan met **elif**. Dit betekent "anders als".

Voorbeeld:

cijfer = 7

if cijfer >= 9:

   print("Uitstekend!")

elif cijfer >= 6:

   print("Voldoende")

else:

   print("Onvoldoende")

Uitleg:

- Als het cijfer **9 of hoger** is, verschijnt: "Uitstekend!".
- Als het cijfer **tussen 6 en 8** ligt, verschijnt: "Voldoende".
- Als het cijfer **lager dan 6** is, verschijnt: "Onvoldoende".

Vergelijkingen gebruiken in if-else

Om beslissingen te maken, gebruiken we **vergelijkingen**. Dit zijn speciale tekens waarmee we getallen of tekst kunnen vergelijken.

Symbool	Betekenis
==	Is gelijk aan
!=	Is niet gelijk aan
>	Groter dan
<	Kleiner dan

>=	Groter dan of gelijk aan
<=	Kleiner dan of gelijk aan

Voorbeeld:

naam = "Jan"

if naam == "Jan":

   print("Hallo Jan!")

else:

   print("Jij bent niet Jan.")

Uitleg:

- Als de variabele **naam** gelijk is aan "Jan", verschijnt: "Hallo Jan!".
- Anders verschijnt: "Jij bent niet Jan.".

Meerdere voorwaarden combineren

Je kunt ook meerdere voorwaarden combineren met **and** en **or**.

Voorbeeld met and **(en):**

leeftijd = 20

geldig_id = True

if leeftijd >= 18 and geldig_id:

   print("Je mag naar binnen.")

else:

```
print("Je mag niet naar binnen.")
```

Hier moeten **beide voorwaarden** waar zijn: leeftijd moet **18 of hoger** zijn én je moet een geldig ID hebben.

Voorbeeld met or (of):

```
dag = "zaterdag"

if dag == "zaterdag" or dag == "zondag":

    print("Het is weekend!")

else:

    print("Het is een doordeweekse dag.")
```

Hier is **één van de voorwaarden** genoeg: als het **zaterdag of zondag** is, verschijnt "Het is weekend!".

Oefening: Schrijf een Python-programma dat controleert of iemand korting krijgt:

- Als iemand jonger dan 12 jaar is, krijgt hij of zij **50% korting**.
- Als iemand **65 jaar of ouder** is, krijgt hij of zij **30% korting**.
- Anders betaalt hij of zij **de normale prijs**.

Probeer het zelf en test je code! Uitwerking vind je op volgende pagina.

Samenvatting

*Met **if-else** kun je een programma laten reageren op verschillende situaties. Je gebruikt **if** voor de eerste controle, **elif** als er meerdere mogelijkheden zijn en **else** voor alle andere gevallen. Je kunt getallen en tekst vergelijken en meerdere voorwaarden combineren met **and** en **or**. Dit maakt je programma's slimmer en interactiever!*

Uitwerking:

Hier is een eenvoudig Python-programma dat controleert of iemand korting krijgt op basis van leeftijd:

```python
# Vraag de gebruiker om een leeftijd in te voeren

leeftijd = int(input("Voer je leeftijd in: "))

# Controleer de leeftijd en bepaal de korting

if leeftijd < 12:

    print("Je krijgt 50% korting.")

elif leeftijd >= 65:

    print("Je krijgt 30% korting.")

else:

    print("Je betaalt de normale prijs.")
```

Uitleg:

1. Het programma vraagt de gebruiker om een **leeftijd** in te voeren.
2. De **if**-voorwaarde controleert of de leeftijd **kleiner is dan 12** → geeft 50% korting.
3. De **elif**-voorwaarde controleert of de leeftijd **65 of ouder is** → geeft 30% korting.
4. Als geen van de bovenstaande voorwaarden waar is, voert **else** uit en betaalt de persoon de normale prijs.

6. Lijsten en tuples

Wat zijn lijsten en waarom zijn ze handig?

In Python gebruiken we **lijsten** om meerdere waarden in één variabele op te slaan. Een lijst is als een boodschappenlijstje: je kunt er verschillende dingen in zetten en de volgorde behouden.

Een lijst maak je met **vierkante haken** [ ]. Hier is een voorbeeld:

boodschappen = ["melk", "brood", "kaas"]

print(boodschappen)

Dit programma maakt een lijst met drie dingen: *melk*, *brood* en *kaas*. Wanneer je de lijst afdrukt, krijg je dit te zien:

['melk', 'brood', 'kaas']

Lijsten zijn handig omdat je items kunt toevoegen, verwijderen en aanpassen.

Elementen in een lijst gebruiken

Je kunt een enkel item uit de lijst halen door de **index** te gebruiken. De index begint bij **0**, niet bij 1!

eerste_item = boodschappen[0] # Dit is 'melk'

tweede_item = boodschappen[1] # Dit is 'brood'

Python begint dus altijd te tellen vanaf **0**.

Je kunt ook het **laatste item** pakken met -1:

laatste_item = boodschappen[-1] # Dit is 'kaas'

Lijsten aanpassen

Een groot voordeel van lijsten is dat je ze kunt aanpassen.

Een item veranderen doe je zo:

```
boodschappen[1] = "eieren"

print(boodschappen)
```

Nu is de lijst:

```
['melk', 'eieren', 'kaas']
```

Een item toevoegen aan het einde doe je zo:

```
boodschappen.append("boter")

print(boodschappen)
```

De lijst is nu:

```
['melk', 'eieren', 'kaas', 'boter']
```

Een item verwijderen:

```
boodschappen.remove("kaas")

print(boodschappen)
```

Nu is de lijst:

```
['melk', 'eieren', 'boter']
```

Je kunt ook het **laatste item** verwijderen met `.pop()`:

```
boodschappen.pop()

print(boodschappen)
```

Hiermee haal je het laatste item weg.

Wat zijn tuples?

Een **tuple** lijkt op een lijst, maar er is één groot verschil: **je kunt een tuple niet aanpassen**.

Een tuple maak je met **haakjes** ( ):

kleuren = ("rood", "groen", "blauw")

print(kleuren)

Dit geeft:

('rood', 'groen', 'blauw')

Omdat een tuple **niet veranderbaar** is, kun je geen items toevoegen, verwijderen of aanpassen.

Wanneer gebruik je een lijst en wanneer een tuple?

Gebruik een **lijst** als je een verzameling van dingen hebt die kunnen veranderen.
Gebruik een **tuple** als je zeker weet dat de waarden altijd hetzelfde moeten blijven.

Voorbeelden:

- Een lijst is handig voor een **boodschappenlijst**, omdat je steeds nieuwe dingen toevoegt of weghaalt.
- Een tuple is handig voor **de dagen van de week**, want die veranderen nooit.

dagen = ("maandag", "dinsdag", "woensdag", "donderdag", "vrijdag", "zaterdag", "zondag")

Lijsten en tuples combineren

Soms wil je een **lijst in een tuple zetten** of andersom.

Een lijst omzetten naar een tuple:

boodschappen_tuple = tuple(boodschappen)

print(boodschappen_tuple)

Een tuple omzetten naar een lijst:

kleuren_lijst = list(kleuren)

print(kleuren_lijst)

Hierdoor kun je een tuple tijdelijk veranderen door het om te zetten naar een lijst.

Samenvatting

- **Lijsten ([ ])** *zijn* **veranderbaar**: *je kunt items toevoegen, verwijderen en aanpassen.*
- **Tuples (( ))** *zijn* **niet veranderbaar**: *de waarden blijven altijd hetzelfde.*
- *Gebruik* **lijsten** *als je een verzameling hebt die kan veranderen.*
- *Gebruik* **tuples** *als de volgorde en waarden vast moeten blijven.*
- *Je kunt een* **lijst omzetten naar een tuple** *en andersom.*

7. Loops en iteraties

In programmeren willen we vaak een taak meerdere keren uitvoeren. Denk bijvoorbeeld aan het tellen van 1 tot 10 of het herhalen van een boodschap op het scherm. In Python gebruiken we hiervoor **loops**. Een loop voert een stuk code meerdere keren uit. Dit herhalen noemen we **iteratie**.

Python heeft twee soorten loops: **for-loops** en **while-loops**. Beide werken iets anders, maar ze helpen ons om code efficiënter te schrijven.

De for-loop

Een **for-loop** wordt gebruikt als je weet hoe vaak een taak moet worden herhaald. Bijvoorbeeld: we willen de getallen van 1 tot en met 5 op het scherm laten zien. Dit kan met een for-loop:

```
for nummer in range(1, 6):

    print(nummer)
```

Uitleg:

- `range(1, 6)` betekent "begin bij 1 en stop voor 6".
- `nummer` is een variabele die telkens een andere waarde uit de range krijgt.
- De `print(nummer)` zorgt ervoor dat elk nummer op een nieuwe regel wordt afgedrukt.

Dit programma toont op het scherm:

1

2

3

4

5

De while-loop

Een **while-loop** wordt gebruikt als je niet precies weet hoe vaak de herhaling moet gebeuren. De loop blijft doorgaan zolang een bepaalde voorwaarde waar is.

Een voorbeeld: we blijven tellen totdat we bij 5 zijn.

nummer = 1

while nummer <= 5:

   print(nummer)

   nummer += 1 # Vergroot nummer met 1

Uitleg:

- We beginnen met `nummer = 1`.
- De `while nummer <= 5`: betekent dat de loop doorgaat zolang `nummer` kleiner of gelijk is aan 5.
- In de loop printen we het nummer en verhogen we het met 1 (`nummer += 1`).

Het resultaat is hetzelfde als de for-loop:

1

2

3

4

5

Het gebruik van break en continue

Soms willen we een loop vroegtijdig stoppen. Dit doen we met **break**.

Een voorbeeld: We stoppen met tellen zodra we bij 3 komen.

```python
for nummer in range(1, 6):
    if nummer == 3:
        break  # Stop de loop
    print(nummer)
```

Uitvoer:

1

2

De loop stopt zodra nummer gelijk is aan 3.

Met **continue** slaan we een specifieke iteratie over en gaan we meteen naar de volgende.

Een voorbeeld: We slaan het getal 3 over.

```python
for nummer in range(1, 6):
    if nummer == 3:
        continue  # Sla nummer 3 over
    print(nummer)
```

Uitvoer:

1

2

4

5

Geneste loops (Loops in loops)

Soms hebben we een loop binnen een andere loop nodig. Dit heet een **geneste loop**.

Voorbeeld: een simpel blok van sterretjes.

```
for i in range(1, 4):
    for j in range(1, 4):
        print("*", end=" ")
    print()
```

Uitvoer:

```
* * *
* * *
* * *
```

Uitleg:

- De buitenste `for i`-loop bepaalt het aantal rijen (3 keer).
- De binnenste `for j`-loop print drie sterretjes per rij.
- `end=" "` zorgt ervoor dat de sterretjes op dezelfde regel staan.
- `print()` zonder argument zorgt voor een nieuwe regel.

Samenvatting

*Loops maken het leven van een programmeur gemakkelijker! Met een **for-loop** herhalen we een taak een vast aantal keren. Met een **while-loop** blijven we herhalen tot een bepaalde voorwaarde niet meer waar is. We kunnen loops onderbreken met **break** en overslaan met **continue**. Ook kunnen we loops in elkaar zetten voor meer geavanceerde taken.*

8. Functies definiëren en gebruiken

Een functie is een stukje code dat je kunt hergebruiken. In plaats van steeds dezelfde regels code opnieuw te typen, kun je een functie maken en deze later oproepen. Dit maakt je programma overzichtelijker en makkelijker aan te passen.

Waarom functies gebruiken?

Functies helpen je om je code op te delen in kleinere stukken. Dit heeft verschillende voordelen:

- De code wordt overzichtelijker.
- Je hoeft dezelfde code niet steeds opnieuw te schrijven.
- Als er een fout zit in de code, hoef je die maar op één plek te corrigeren.
- Het programma wordt makkelijker te begrijpen voor anderen.

Een functie definiëren

Om een functie te maken, gebruik je het woord **def**, gevolgd door de naam van de functie en haakjes **()**. Daarna komt een dubbele punt **:** en de code die bij de functie hoort. Deze code moet altijd inspringen (meestal vier spaties).

Hier is een voorbeeld van een eenvoudige functie die "Hallo!" afdrukt:

```
def zeg_hallo():

    print("Hallo!")
```

Een functie aanroepen

Een functie werkt pas als je deze **aanroept**. Dit doe je door de naam van de functie te typen, gevolgd door haakjes **()**.

Voorbeeld:

```
zeg_hallo()
```

Uitvoer:

Hallo!

Functies met parameters

Soms wil je een functie maken die verschillende waarden gebruikt. Dit doe je met **parameters**. Een parameter is een variabele die je aan de functie doorgeeft.

Hier is een functie die een naam vraagt en een begroeting afdrukt:

```
def begroet(naam):

    print("Hallo, " + naam + "!")
```

Deze functie roep je aan met een naam als argument:

```
begroet("Emma")
```

Uitvoer:

Hallo, Emma!

Functies met meerdere parameters

Je kunt een functie maken met meerdere parameters. Bijvoorbeeld een functie die twee getallen optelt:

```
def tel_op(getal1, getal2):

    resultaat = getal1 + getal2

    print("De som is:", resultaat)
```

Aanroepen van de functie:

```
tel_op(5, 3)
```

Uitvoer:

De som is: 8

Functies met een return-waarde

Soms wil je dat een functie een waarde teruggeeft, zodat je deze later kunt gebruiken. Dit doe je met **return**.

Voorbeeld:

```
def vermenigvuldig(getal1, getal2):

    return getal1 * getal2
```

Nu kun je het resultaat opslaan in een variabele:

```
resultaat = vermenigvuldig(4, 5)

print("Uitkomst:", resultaat)
```

Uitvoer:

Uitkomst: 20

Standaardwaarden instellen

Je kunt een parameter een **standaardwaarde** geven. Dit betekent dat als je geen waarde opgeeft bij het aanroepen van de functie, er automatisch een standaardwaarde wordt gebruikt.

Voorbeeld:

```
def begroet(naam="bezoeker"):

    print("Hallo, " + naam + "!")
```

Als je de functie zonder argument aanroept, gebruikt deze de standaardwaarde:

begroet()

Uitvoer:

Hallo, bezoeker!

Maar je kunt ook een eigen waarde doorgeven:

begroet("Lucas")

Uitvoer:

Hallo, Lucas!

Samenvatting

- *Een functie is een herbruikbaar stuk code.*
- *Je maakt een functie met **def** en roept deze aan met **()**.*
- *Functies kunnen parameters hebben om gegevens te verwerken.*
- *Een functie kan een waarde teruggeven met **return**.*
- *Je kunt standaardwaarden instellen voor parameters.*

Door functies te gebruiken, wordt je code overzichtelijker en makkelijker te onderhouden. Nu kun je zelf experimenteren met het maken van functies!

9. Werken met modules en libraries

Bij het programmeren in Python hoef je niet alles zelf te schrijven. Er zijn kant-en-klare stukken code die je kunt gebruiken. Deze noemen we **modules** en **libraries**. Een module is een bestand met Python-code die je kunt hergebruiken. Een library is een verzameling van modules die bij elkaar horen.

Waarom modules en libraries gebruiken?

Modules en libraries besparen tijd. Ze zorgen ervoor dat je minder code hoeft te schrijven en dat je fouten voorkomt. Als iemand anders al een handige functie heeft gemaakt, kun jij die gewoon gebruiken zonder alles opnieuw te programmeren.

Een module importeren

Om een module te gebruiken, moet je deze eerst **importeren**. Dit doe je met het **import**-commando. Hier is een voorbeeld:

import math

Nu kun je functies uit de **math**-module gebruiken. Bijvoorbeeld om de vierkantswortel van een getal te berekenen:

import math

getal = 25

wortel = math.sqrt(getal)

print(wortel) # Dit print 5.0

De **math**-module bevat nog veel meer functies, zoals **math.pi** voor de waarde van pi en **math.sin()** voor sinusberekeningen.

Alleen een specifieke functie importeren

Soms heb je maar één functie uit een module nodig. Je kunt dan alleen die functie importeren:

```
from math import sqrt

getal = 36

wortel = sqrt(getal)

print(wortel)  # Dit print 6.0
```

Hier hoef je niet **math.sqrt()** te typen, maar alleen **sqrt()**.

Modules een kortere naam geven

Sommige modules hebben lange namen. Je kunt ze een kortere naam geven met **as**:

```
import numpy as np

lijst = [1, 2, 3]

array = np.array(lijst)

print(array)
```

Hier noemen we **numpy** gewoon **np**, zodat we minder hoeven te typen.

Zelf een module maken

Je kunt ook zelf een module maken. Dit doe je door een Python-bestand te maken en daar functies in te schrijven. Bijvoorbeeld, maak een bestand **mijnmodule.py** met deze inhoud:

```
def begroet(naam):

    return f"Hallo, {naam}!"
```

Nu kun je deze module importeren en gebruiken in een ander bestand:

```
import mijnmodule

bericht = mijnmodule.begroet("Lisa")

print(bericht)  # Dit print: Hallo, Lisa!
```

Veelgebruikte libraries

Er zijn veel handige libraries in Python. Hier zijn een paar populaire:

- **math** – Wiskundige functies
- **random** – Willekeurige getallen genereren
- **datetime** – Werken met data en tijd
- **os** – Werken met bestanden en mappen
- **numpy** – Rekenen met lijsten en arrays
- **pandas** – Werken met grote hoeveelheden data

Een library installeren

Sommige libraries zitten standaard in Python, maar andere moet je eerst installeren. Dit doe je met **pip**, een programma dat bij Python hoort.

Om een library te installeren, typ je het volgende commando in de command prompt (Windows) of terminal (Mac/Linux):

pip install requests

Wil je een specifieke versie installeren? Gebruik dan:

pip install requests==2.26.0

Om een library te updaten naar de nieuwste versie:

pip install --upgrade requests

Om een lijst van alle geïnstalleerde libraries te bekijken:

pip list

Om een geïnstalleerde library te verwijderen:

pip uninstall requests

Pip gebruiken in Thonny

Thonny is een eenvoudige Python-ontwikkelomgeving die populair is bij beginners. Om een library te installeren met pip in Thonny, volg je deze stappen:

1. Open Thonny.
2. Klik op **Tools** (Gereedschap) in de menubalk.
3. Kies **Manage packages** (Pakketten beheren).
4. In het zoekveld typ je de naam van de library die je wilt installeren, bijvoorbeeld `requests`.
5. Klik op **Find package from PyPI**.
6. Klik op **Install** om de library te installeren.
7. Wacht tot de installatie is voltooid en sluit het venster.

Je kunt nu de geïnstalleerde library gebruiken in je Python-code in Thonny.

Samenvatting

Modules en libraries maken programmeren makkelijker. Ze besparen tijd en zorgen ervoor dat je efficiënter code kunt schrijven. Door modules te importeren, kun je kant-en-klare functies gebruiken in je eigen programma's. Als je een library nodig hebt die niet standaard in Python zit, kun je deze installeren met **pip**. Door slim gebruik te maken van modules en libraries, wordt programmeren veel eenvoudiger!

10. Werken met bestanden

Soms wil je gegevens bewaren zodat je ze later weer kunt gebruiken. Bijvoorbeeld, als je een programma maakt waarin een gebruiker een lijst met namen invoert, wil je misschien dat deze lijst niet verdwijnt als het programma wordt afgesloten.

Om dit te doen, kunnen we bestanden gebruiken. Een bestand is een plek op de computer waar informatie wordt opgeslagen. Dit kan tekst zijn, zoals een boodschappenlijst, of cijfers, zoals een lijst met prijzen.

Python maakt het makkelijk om met bestanden te werken. In dit hoofdstuk leer je hoe je bestanden kunt openen, lezen, schrijven en sluiten.

Een bestand openen en sluiten

Voordat je een bestand kunt gebruiken, moet je het openen. In Python doe je dit met de `open()` functie.

bestand = open("mijnbestand.txt", "r")

Hier gebeurt het volgende:

- `"mijnbestand.txt"` is de naam van het bestand.
- `"r"` betekent dat we het bestand openen om te lezen (read).

Na het openen is het belangrijk om het bestand weer te sluiten, anders blijft het actief in het geheugen van de computer. Dit doe je met `close()`:

bestand.close()

Een handige manier om bestanden automatisch goed af te sluiten is met `with`:

with open("mijnbestand.txt", "r") as bestand:

   inhoud = bestand.read()

   print(inhoud)

Hier hoef je het bestand niet zelf te sluiten, Python doet dat automatisch als het blok klaar is.

Een bestand lezen

Er zijn verschillende manieren om een bestand te lezen:

1. Het hele bestand in één keer lezen

with open("mijnbestand.txt", "r") as bestand:

    inhoud = bestand.read()

    print(inhoud)

Dit leest alles en slaat het op in de variabele `inhoud`.

2. Regels één voor één lezen
Soms wil je een bestand regel per regel lezen, bijvoorbeeld als het een lange lijst is. Dit doe je zo:

with open("mijnbestand.txt", "r") as bestand:

    for regel in bestand:

      print(regel.strip()) # strip() verwijdert extra enters

3. Een lijst maken van alle regels
Je kunt alle regels opslaan in een lijst met `readlines()`:

with open("mijnbestand.txt", "r") as bestand:

    regels = bestand.readlines()

    print(regels) # Dit geeft een lijst van regels

Een bestand schrijven

Soms wil je tekst in een bestand opslaan. Dit doe je door het bestand te openen in schrijfmodus ("w") of aanvulmodus ("a").

Let op: Als je "w" gebruikt, wordt het oude bestand leeg gemaakt!

Voorbeeld: een nieuw bestand maken en schrijven

with open("mijnbestand.txt", "w") as bestand:

    bestand.write("Hallo, dit is een test.\n")

    bestand.write("Nog een regel tekst.")

Hier wordt een nieuw bestand gemaakt met twee regels tekst.

Tekst toevoegen zonder het oude te wissen
 Als je tekst wilt toevoegen in plaats van alles te vervangen, gebruik "a":

with open("mijnbestand.txt", "a") as bestand:

    bestand.write("\nDeze regel wordt toegevoegd.")

Werken met CSV-bestanden

Soms bevat een bestand gegevens die gescheiden zijn met komma's, bijvoorbeeld een lijst met namen en leeftijden:

Naam,Leeftijd

Piet,25

Sara,30

Jan,22

Dit noemen we een CSV-bestand (*Comma Separated Values*). Python heeft een speciale module om met CSV te werken.

CSV-bestand lezen

```python
import csv

with open("gegevens.csv", "r") as bestand:

    reader = csv.reader(bestand)

    for rij in reader:

        print(rij)
```

Dit zet elke regel om in een lijst, zodat je makkelijk met de gegevens kunt werken.

CSV-bestand schrijven

```python
import csv

with open("gegevens.csv", "w", newline="") as bestand:

    writer = csv.writer(bestand)

    writer.writerow(["Naam", "Leeftijd"])

    writer.writerow(["Piet", 25])

    writer.writerow(["Sara", 30])
```

Dit maakt een CSV-bestand met kopteksten en gegevens.

Bestanden en fouten voorkomen

Soms gaat er iets mis, bijvoorbeeld als een bestand niet bestaat. Dit kun je oplossen met `try-except`:

```
try:

    with open("niet_bestaand_bestand.txt", "r") as bestand:

        inhoud = bestand.read()

except FileNotFoundError:

    print("Bestand niet gevonden!")
```

Als het bestand niet bestaat, krijg je een nette foutmelding in plaats van een crash.

Samenvatting

- *Bestanden openen doe je met* `open()`, *en je sluit ze met* `close()` *of* `with`.
- *Je kunt bestanden lezen met* `read()`, `readlines()`, *of een lus.*
- *Je kunt bestanden schrijven of aanvullen met* `"w"` *en* `"a"`.
- *CSV-bestanden zijn handig voor gestructureerde gegevens en worden beheerd met de* `csv` *module.*
- *Gebruik* `try-except` *om fouten te voorkomen als een bestand niet bestaat.*

11. Objectgeoriënteerd programmeren en klassen

Objectgeoriënteerd programmeren (OOP) is een manier om programma's te schrijven waarbij je werkt met **objecten** in plaats van alleen functies en variabelen. Een object is een verzameling van eigenschappen en acties die bij elkaar horen.

Stel je voor dat je een programma schrijft over auto's. In plaats van losse variabelen zoals `kleur`, `merk` en `snelheid`, kun je een **object** maken dat alle eigenschappen van een auto bevat. Zo kun je makkelijk meerdere auto's maken zonder steeds dezelfde code te herhalen.

Klassen: de bouwtekening van een object

Een **klasse** is een soort bouwtekening voor een object. In een klasse beschrijf je welke eigenschappen een object heeft en wat het kan doen. Wanneer je een object maakt op basis van een klasse, noemen we dat een **instantie** van de klasse.

Laten we een voorbeeld bekijken. We maken een klasse **Auto**:

```
class Auto:

    def __init__(self, merk, kleur, snelheid):

        self.merk = merk

        self.kleur = kleur

        self.snelheid = snelheid

    def rijden(self):

        print(f"De {self.kleur} {self.merk} rijdt met {self.snelheid} km/u.")
```

Hier gebeurt het volgende:

- De `__init__`-methode is een **constructor**. Dit is een speciale functie die automatisch wordt aangeroepen als je een nieuw object maakt.
- `self.merk`, `self.kleur` en `self.snelheid` zijn **eigenschappen** van de auto.
- De `rijden`-functie is een **methode** die iets laat doen met de auto.

Een object maken en gebruiken

Nu we de klasse **Auto** hebben, kunnen we objecten maken op basis van deze klasse:

mijn_auto = Auto("Toyota", "rood", 120)

jouw_auto = Auto("BMW", "blauw", 150)

mijn_auto.rijden()

jouw_auto.rijden()

Uitvoer:

De rood Toyota rijdt met 120 km/u.

De blauw BMW rijdt met 150 km/u.

Zoals je ziet, kunnen we meerdere auto's maken met verschillende eigenschappen, zonder dat we de code telkens opnieuw hoeven te schrijven.

Klassen en methodes: acties uitvoeren

Een klasse kan meerdere **methodes** hebben. Een methode is een functie die iets doet met het object. Laten we de klasse uitbreiden met een methode om te **versnellen**:

```python
class Auto:
    def __init__(self, merk, kleur, snelheid):
        self.merk = merk
        self.kleur = kleur
        self.snelheid = snelheid
    def rijden(self):
        print(f"De {self.kleur} {self.merk} rijdt met {self.snelheid} km/u.")
```

```
def versnellen(self, extra_snelheid):

    self.snelheid += extra_snelheid

    print(f"De {self.merk} versnelt naar {self.snelheid} km/u.")
```

Nu kunnen we de auto laten versnellen:

```
mijn_auto = Auto("Toyota", "rood", 120)

mijn_auto.versnellen(20)
```

Uitvoer:

De Toyota versnelt naar 140 km/u.

Hiermee kunnen we objecten interactief maken en laten reageren op nieuwe situaties.

Overerving: eigenschappen overnemen

Soms willen we een nieuwe klasse maken die lijkt op een bestaande klasse, maar met extra functies. Dit doen we met **overerving**. Stel dat we een **ElektrischeAuto** willen maken die een normale **Auto** is, maar ook een **batterijcapaciteit** heeft:

```
class ElektrischeAuto(Auto):

    def __init__(self, merk, kleur, snelheid, batterijcapaciteit):

        super().__init__(merk, kleur, snelheid)

        self.batterijcapaciteit = batterijcapaciteit

    def opladen(self):

        print(f"De {self.merk} is aan het opladen. Batterij: {self.batterijcapaciteit}%")
```

Hier gebeurt het volgende:

- De klasse **ElektrischeAuto erft** eigenschappen en methodes van **Auto**.
- `super().__init__(...)` roept de constructor van **Auto** aan, zodat we niet alle eigenschappen opnieuw hoeven te definiëren.
- We voegen een nieuwe methode `opladen()` toe.

Nu kunnen we een elektrische auto maken:

tesla = ElektrischeAuto("Tesla", "wit", 150, 85)

tesla.rijden()

tesla.opladen()

Uitvoer:

De wit Tesla rijdt met 150 km/u.

De Tesla is aan het opladen. Batterij: 85%

Samenvatting

*Objectgeoriënteerd programmeren helpt ons om overzichtelijke, herbruikbare en gestructureerde code te schrijven. Met klassen kunnen we objecten maken die eigenschappen en acties combineren. We kunnen ook klassen **uitbreiden** met overerving, zodat we geen dubbele code hoeven te schrijven. Belangrijke concepten om te onthouden:*

1. **Objecten**: *Dingen in je programma met eigenschappen en acties.*
2. **Klassen**: *De blauwdruk voor objecten.*
3. **Eigenschappen (attributen)**: *Informatie die een object bij zich draagt.*
4. **Methodes**: *Acties die een object kan uitvoeren.*
5. **Overerving**: *Een klasse kan eigenschappen van een andere klasse overnemen.*

12. Databasen met Sqlite

Een database is een plek waar je gegevens kunt opslaan en later weer kunt opvragen. Denk aan een lijst met namen en telefoonnummers, een lijst met producten in een winkel of een verzameling schoolcijfers. Een database helpt om gegevens netjes en gestructureerd te bewaren, zodat je ze makkelijk kunt vinden.

SQLite is een veelgebruikte database die klein en eenvoudig is. Je hebt geen aparte server nodig om SQLite te gebruiken. Dit maakt het ideaal voor beginners die willen leren werken met databases in Python.

Waarom een database gebruiken?

Soms sla je gegevens op in een tekstbestand of een Excel-bestand, maar dat heeft nadelen. Het is moeilijker om snel bepaalde gegevens op te zoeken of aanpassingen te maken.

Met een database kun je:
✔ Gegevens snel vinden met zoekopdrachten.
✔ Gegevens eenvoudig toevoegen, verwijderen of aanpassen.
✔ Structuur aanbrengen in je gegevens, bijvoorbeeld tabellen maken.

Met SQLite kunnen we gegevens opslaan in een tabel, net als in Excel, maar dan krachtiger.

SQLite installeren en gebruiken in Python

SQLite is standaard inbegrepen bij Python, dus je hoeft niets extra's te installeren. Je kunt direct beginnen met het gebruik ervan via de **sqlite3**-module.

Laten we een eenvoudige database maken en openen in Python:

```python
import sqlite3

# Maak of open een databasebestand

conn = sqlite3.connect("mijn_database.db")
```

```python
# Maak een cursor om opdrachten uit te voeren

cursor = conn.cursor()

print("Database is geopend!")
```

Dit maakt een bestand genaamd *mijn_database.db*. Als het bestand nog niet bestaat, wordt het automatisch aangemaakt.

Tabellen maken in SQLite

Een database bestaat uit tabellen. Een tabel bevat rijen en kolommen, net zoals een Excel-spreadsheet.

Laten we een tabel maken voor een lijst met studenten:

```python
import sqlite3

# Verbinding maken met de database

conn = sqlite3.connect("school.db")

cursor = conn.cursor()

# Maak een tabel voor studenten

cursor.execute("""

CREATE TABLE IF NOT EXISTS studenten (

    id INTEGER PRIMARY KEY,

    naam TEXT,

    leeftijd INTEGER

)

""")
```

conn.commit()

conn.close()

print("Tabel 'studenten' is aangemaakt!")

Hiermee maken we een tabel genaamd **studenten** met drie kolommen:

- **id** (een uniek nummer voor elke student)
- **naam** (de naam van de student)
- **leeftijd** (de leeftijd van de student)

Gegevens toevoegen aan de database

Nu de tabel klaar is, kunnen we gegevens toevoegen.

```
import sqlite3

conn = sqlite3.connect("school.db")

cursor = conn.cursor()

# Voeg een student toe

cursor.execute("INSERT INTO studenten (naam, leeftijd) VALUES (?, ?)", ("Emma", 20))

conn.commit()

conn.close()

print("Gegevens toegevoegd!")
```

Hier voegen we een student genaamd **Emma** toe met de leeftijd **20**.

Gegevens opvragen uit de database

We kunnen de gegevens uit onze database weer opvragen.

```python
import sqlite3

conn = sqlite3.connect("school.db")

cursor = conn.cursor()

# Haal alle studenten op

cursor.execute("SELECT * FROM studenten")

studenten = cursor.fetchall()

for student in studenten:

    print(student)

conn.close()
```

Dit toont een lijst met alle studenten in de database. Elke rij bevat een **id**, een **naam** en een **leeftijd**.

Gegevens bijwerken (updaten)

Soms wil je een fout corrigeren of gegevens aanpassen. Dat kan met **UPDATE**.

```python
import sqlite3

conn = sqlite3.connect("school.db")

cursor = conn.cursor()

# Verander de leeftijd van Emma naar 21

cursor.execute("UPDATE studenten SET leeftijd = ? WHERE naam = ?", (21, "Emma"))
```

```
conn.commit()

conn.close()

print("Leeftijd bijgewerkt!")
```

Nu is Emma's leeftijd aangepast naar **21**.

Gegevens verwijderen uit de database

Als een student uitgeschreven is, kunnen we die verwijderen uit de database.

```
import sqlite3

conn = sqlite3.connect("school.db")

cursor = conn.cursor()

# Verwijder Emma uit de database

cursor.execute("DELETE FROM studenten WHERE naam = ?", ("Emma",))

conn.commit()

conn.close()

print("Student verwijderd!")
```

Emma's gegevens worden nu verwijderd.

Belangrijke tips voor SQLite in Python

✔ **Gebruik altijd** `conn.commit()` na wijzigingen om de database op te slaan.

✔ **Sluit de verbinding** (`conn.close()`) als je klaar bent, zodat er geen fouten ontstaan.

✔ **Gebruik** `?` **bij SQL-opdrachten** om fouten met invoer te voorkomen (zoals SQL-injecties).

Samenvatting

SQLite is een handige en eenvoudige database die perfect is om te leren programmeren met Python. Je kunt er gegevens mee opslaan, opvragen, bijwerken en verwijderen. Wil je meer leren? Probeer zelf een database te maken met bijvoorbeeld boeken, producten of contactgegevens!

13. Werken met GUI

GUI staat voor **Graphical User Interface**, oftewel een grafische gebruikersinterface. Dit betekent dat je programma knoppen, tekstvakken en andere visuele elementen heeft die je met een muis of toetsenbord kunt bedienen.

Python heeft een ingebouwde module genaamd **Tkinter**, waarmee je eenvoudig een GUI kunt maken. Tkinter is handig voor beginners omdat het makkelijk te leren is en direct werkt zonder extra installatie.

Een simpel venster maken

Om een GUI te maken met Tkinter, moet je eerst de module **importeren** en een **hoofdvenster** maken. Dit doe je met de volgende code:

```
import tkinter as tk

# Maak het hoofdvenster

root = tk.Tk()

root.configure(bg='lightblue')  # Achtergrondkleur instellen

# Geef het venster een titel

root.title("Mijn eerste GUI")

# Start de GUI-lus

root.mainloop()
```

Uitleg:

1. **import tkinter as tk** – Hiermee haal je Tkinter op in je programma.
2. **tk.Tk()** – Dit maakt het hoofdvenster.
3. **configure(bg='lightblue')** – Hiermee geef je het venster een achtergrondkleur.
4. **title("Mijn eerste GUI")** – Hiermee geef je het venster een titel.
5. **mainloop()** – Dit houdt het venster open en luistert naar acties van de gebruiker.

Als je dit uitvoert, verschijnt er een leeg venster met een lichtblauwe achtergrond en de titel "Mijn eerste GUI".

Een knop toevoegen met kleur

Nu we een venster hebben, gaan we een **knop** toevoegen met een aangepaste kleur:

import tkinter as tk

root = tk.Tk()

root.title("Knop toevoegen")

root.configure(bg='lightgrey')

Maak een knop met kleur

knop = tk.Button(root, text="Klik mij!", fg='white', bg='blue')

knop.pack()

root.mainloop()

Uitleg:

- **fg='white'** bepaalt de kleur van de tekst op de knop.
- **bg='blue'** bepaalt de achtergrondkleur van de knop.
- **knop.pack()** zorgt ervoor dat de knop op het scherm wordt weergegeven.

Een actie aan de knop geven

Om een actie toe te voegen aan de knop, gebruiken we een **functie**. Bijvoorbeeld:

import tkinter as tk

def klik():

   label.config(text="Je hebt geklikt!", fg='red')

```
root = tk.Tk()

root.title("Actie op de knop")

root.configure(bg='white')

# Maak een label

label = tk.Label(root, text="Druk op de knop", fg='black', bg='yellow')

label.pack()

# Maak een knop met een actie

knop = tk.Button(root, text="Klik mij!", command=klik, fg='white', bg='green')

knop.pack()

root.mainloop()
```

Uitleg:

- De labeltekst wordt rood als je op de knop drukt.
- De achtergrondkleur van het label is geel.
- De knop heeft een groene achtergrond en witte tekst.

Een afbeelding toevoegen

Soms wil je een afbeelding tonen in je GUI. Dit doe je met **PhotoImage**:

```
import tkinter as tk

from tkinter import PhotoImage

root = tk.Tk()

root.title("Afbeelding tonen")

# Laad een afbeelding (zorg ervoor dat het bestand in dezelfde map staat)

afbeelding = PhotoImage(file='voorbeeld.png')
```

```
label = tk.Label(root, image=afbeelding)

label.pack()

root.mainloop()
```

Uitleg:

- **PhotoImage(file='voorbeeld.png')** laadt een afbeelding (PNG-formaat).
- **label = tk.Label(root, image=afbeelding)** voegt de afbeelding toe aan een label.
- **label.pack()** zorgt ervoor dat de afbeelding wordt weergegeven.

Een venster sluiten

Wil je een knop toevoegen die het venster sluit? Gebruik `root.destroy()`:

```
import tkinter as tk

def sluit():
    root.destroy()

root = tk.Tk()

root.title("Venster sluiten")

root.configure(bg='lightcoral')

knop = tk.Button(root, text="Sluiten", command=sluit, fg='white', bg='red')

knop.pack()

root.mainloop()
```

Als je op de knop drukt, wordt het venster gesloten.

Samenvatting

Met Tkinter kun je op een eenvoudige manier een GUI maken in Python. We hebben geleerd hoe je:

- *Een venster maakt met een achtergrondkleur.*
- *Een knop toevoegt met een aangepaste kleur.*
- *Een actie koppelt aan een knop.*
- *Tekstinvoer gebruikt.*
- *Een afbeelding toevoegt.*
- *Een venster sluit met een knop.*

14. Je programma als installeerbaar software delen

Als je een Python-programma hebt gemaakt, wil je het misschien delen met anderen. Maar niet iedereen heeft Python op zijn computer geïnstalleerd. Daarom kun je je programma omzetten in een zelfstandig programma dat anderen zonder extra stappen kunnen openen. In dit hoofdstuk leer je hoe je dat doet.

Waarom je programma installeerbaar maken?

Als je een Python-programma maakt, schrijf je code in een `.py`-bestand. Om dit bestand uit te voeren, moet Python op de computer staan. Maar stel dat je een vriend of collega jouw programma wilt laten gebruiken. Dan is het vervelend als ze eerst Python moeten installeren en weten hoe ze het script moeten uitvoeren.

Door je programma om te zetten in een uitvoerbaar bestand, zoals een `.exe` op Windows of een `.app` op macOS, kan de gebruiker jouw programma openen alsof het een gewoon programma is. Dit maakt het gemakkelijker om software te delen en te gebruiken.

De basis: van Python-script naar uitvoerbaar bestand

Om een Python-programma om te zetten in een zelfstandig programma, kun je de tool `pyinstaller` gebruiken. Dit is een gratis programma dat je met Python kunt installeren.

Stap 1: Installeer pyinstaller

Open een terminal (Command Prompt, PowerShell of Terminal op macOS/Linux) en typ:

pip install pyinstaller

Druk op **Enter**. Python zal de tool downloaden en installeren.

Stap 2: Maak een eenvoudig Python-programma

Schrijf een klein Python-script en sla het op als `hallo.py`:

print("Hallo, welkom bij mijn programma!")

input("Druk op Enter om af te sluiten...")

Dit programma toont een boodschap en wacht totdat de gebruiker op Enter drukt.

Stap 3: Zet je script om naar een .exe

Ga naar de map waar je `hallo.py` hebt opgeslagen en typ het volgende in de terminal:

pyinstaller --onefile hallo.py

Druk op **Enter**. PyInstaller zal nu je script omzetten naar een zelfstandig programma.

Na afloop vind je in de map `dist/` een bestand genaamd `hallo.exe` (of `hallo` op macOS/Linux). Dit is een zelfstandig programma dat je kunt delen.

Extra opties voor PyInstaller

Soms wil je extra instellingen toevoegen. Bijvoorbeeld een programma met een eigen icoon, zonder een zwart terminalvenster. Hier zijn enkele handige opties:

Een icoon toevoegen
Als je een icoon wilt gebruiken, sla dan een `.ico`-bestand op in dezelfde map als je script. Gebruik dan dit commando:

pyinstaller --onefile --icon=mijnicoon.ico hallo.py

Verberg het terminalvenster (voor GUI-programma's)
Als je een programma met een grafische interface hebt (zoals Tkinter), kun je de terminal verbergen met:

pyinstaller --onefile --windowed hallo.py

Hierdoor opent het programma zonder een zwart terminalvenster.

Je programma delen met anderen

Nu je een zelfstandig programma hebt gemaakt, kun je het delen met anderen. Maar er zijn een paar dingen om op te letten:

- **De juiste versie voor het besturingssysteem**
  Een `.exe`-bestand werkt alleen op Windows. Wil je een versie voor macOS of Linux? Dan moet je het programma omzetten op dat besturingssysteem.

- **Extra bestanden**
  Soms heeft je programma extra bestanden nodig, zoals afbeeldingen of tekstbestanden. Zorg ervoor dat je die meelevert in dezelfde map als het programma.

- **Comprimeren in een ZIP-bestand**
  Om je programma gemakkelijker te versturen, kun je het inpakken in een ZIP-bestand. Dit doe je zo:

  - Op Windows:
    - Klik met de rechtermuisknop op de map `dist/`
    - Kies **Verzenden naar → Gecomprimeerde (gezipte) map**
  - Op macOS/Linux:
    - Open de terminal en typ:

      zip -r mijnprogramma.zip dist/

Problemen oplossen

Soms werkt PyInstaller niet meteen goed. Hier zijn enkele veelvoorkomende problemen en oplossingen:

- **Probleem: "pyinstaller" wordt niet herkend**

- Oplossing: Controleer of je Python en pip correct hebt geïnstalleerd. Je kunt `pip list` gebruiken om te zien of `pyinstaller` aanwezig is.

- **Probleem: Bestand opent en sluit meteen**

  - Oplossing: Voeg een `input("Druk op Enter om af te sluiten...")` toe aan het einde van je script, zodat het niet direct sluit.

- **Probleem: Antivirussoftware blokkeert je programma**

  - Oplossing: Sommige virusscanners denken dat een PyInstaller-programma verdacht is. Dit komt omdat het een gecomprimeerd bestand is. Je kunt dit oplossen door je programma als vertrouwd te markeren of een code-signing-certificaat te gebruiken (voor gevorderden).

Samenvatting

Je hebt nu geleerd hoe je een Python-programma omzet in een zelfstandig uitvoerbaar bestand. Dit maakt het delen van je programma makkelijker voor gebruikers zonder Python. Door gebruik te maken van PyInstaller kun je een `.exe`- of `.app`-bestand maken en dit eenvoudig verspreiden.

15. Praktijkvoorbeeld Takenlijst

Hier is een praktijkvoorbeeld van een eenvoudige Python-applicatie die **Tkinter** gebruikt voor de gebruikersinterface, **SQLite** voor gegevensopslag, en verpakt kan worden als een **uitvoerbaar bestand (EXE)** met **PyInstaller**.

Deze applicatie stelt de gebruiker in staat om taken toe te voegen en te verwijderen uit een database.

Functionaliteiten

- Taken toevoegen aan een database.
- Taken bekijken in een lijst.
- Taken verwijderen uit de lijst.
- Gegevens opslaan in een SQLite-database.

Voor dit project heb je de volgende modules nodig:

pip install tk sqlite3

(Tkinter zit standaard in Python, dus extra installatie is meestal niet nodig.)

Stap 1: Python-script (takenlijst.py)

Hieronder staat de code voor de applicatie:

import sqlite3

import tkinter as tk

from tkinter import messagebox

Database-initialisatie

conn = sqlite3.connect("takenlijst.db")

c = conn.cursor()

```python
c.execute("""CREATE TABLE IF NOT EXISTS taken (

        id INTEGER PRIMARY KEY AUTOINCREMENT,

        taak TEXT NOT NULL)""")

conn.commit()


# Functie om een taak toe te voegen

def taak_toevoegen():

    taak = invoerveld.get()

    if taak:

        c.execute("INSERT INTO taken (taak) VALUES (?)", (taak,))

        conn.commit()

        invoerveld.delete(0, tk.END)

        taken_weergeven()

    else:

        messagebox.showwarning("Waarschuwing", "Voer een taak in!")


# Functie om een taak te verwijderen

def taak_verwijderen():

    try:

        geselecteerde_taak = lijstbox.get(lijstbox.curselection())

        c.execute("DELETE FROM taken WHERE taak = ?", (geselecteerde_taak,))

        conn.commit()
```

```
        taken_weergeven()

    except:

        messagebox.showwarning("Waarschuwing", "Selecteer een taak om te verwijderen!")


# Functie om taken weer te geven

def taken_weergeven():

    lijstbox.delete(0, tk.END)

    c.execute("SELECT taak FROM taken")

    taken = c.fetchall()

    for taak in taken:

        lijstbox.insert(tk.END, taak[0])


# Hoofdvenster maken

root = tk.Tk()

root.title("Takenlijst")


# Layout

frame = tk.Frame(root)

frame.pack(pady=10)


invoerveld = tk.Entry(frame, width=40)

invoerveld.pack(side=tk.LEFT, padx=10)
```

```python
knop_toevoegen = tk.Button(frame, text="Toevoegen", command=taak_toevoegen)

knop_toevoegen.pack(side=tk.RIGHT)


lijstbox = tk.Listbox(root, width=50, height=10)

lijstbox.pack(pady=10)


knop_verwijderen = tk.Button(root, text="Verwijderen", command=taak_verwijderen)

knop_verwijderen.pack()


# Taken laden bij opstarten

taken_weergeven()


# Start de Tkinter-applicatie

root.mainloop()


# Sluit de databaseverbinding bij afsluiten

conn.close()
```

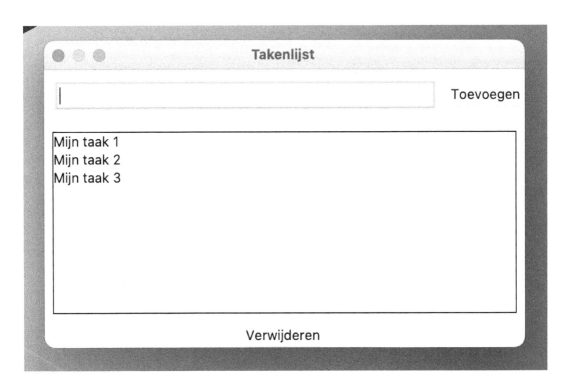

Takenlijst applicatie

Stap 2: Verpak als uitvoerbaar bestand

Om van dit script een **standalone .exe-bestand** te maken, gebruik je **PyInstaller**.

PyInstaller installeren

Als je PyInstaller nog niet hebt geïnstalleerd, voer dit commando uit:

pip install pyinstaller

Script omzetten naar een .exe

Open de terminal en ga naar de map waar je `takenlijst.py` staat. Voer dan het volgende uit:

```
pyinstaller --onefile --windowed --icon=icon.ico takenlijst.py
```

Uitleg:

- `--onefile` → Maakt één enkel uitvoerbaar bestand.
- `--windowed` → Voorkomt dat er een terminalvenster opent (alleen GUI).
- `--icon=icon.ico` → (Optioneel) Voegt een icoon toe (maak een eigen
  `.ico`-bestand).

Na afloop vind je het uitvoerbare bestand in de `dist/` map.

Stap 3: Deel je programma

Je kunt de `takenlijst.exe` nu delen met anderen. Als extra stap kun je:

1. **Een ZIP-bestand maken** om alles in te pakken.
2. **Een installer maken** met software zoals Inno Setup (voor Windows).

Je hebt nu een complete Python-applicatie gebouwd met **Tkinter (GUI)**, **SQLite (database)** en verpakt als een **uitvoerbaar bestand** met **PyInstaller**. Dit is een basisvoorbeeld, maar je kunt het uitbreiden met extra functies zoals **deadlines, prioriteiten en voltooide taken markeren**.

Veel succes! 🚀

16. Praktijkvoorbeeld Memory-game

Hier is een volledige **Memory Game** in Python, gemaakt met **Tkinter**. Het spel gebruikt letters als kaarten en slaat de voortgang tijdelijk op in het geheugen.

Je hebt alleen **Tkinter** nodig, wat standaard in Python zit.

Memory Game Code (memory_game.py)

Hier is het volledige script:

```python
import tkinter as tk

from tkinter import messagebox

import random


class MemoryGame:

    def __init__(self, root):

        self.root = root

        self.root.title("Memory Game - Letters")


        # Definieer de letters (8 verschillende paren)

        letters = ["A", "B", "C", "D", "E", "F", "G", "H"]

        self.kaarten = letters * 2  # 16 kaarten (8 paren)

        random.shuffle(self.kaarten)  # Schud de kaarten


        self.buttons = []  # Opslaan van knoppen

        self.gekozen_kaarten = []  # Tijdelijke opslag van gekozen kaarten
```

```python
        self.gekozen_knoppen = []  # Tijdelijke opslag van gekozen knoppen

        self.gevonden_paren = 0  # Teller voor gevonden paren


        # 4x4 grid maken
        for i in range(4):

            rij = []

            for j in range(4):

                knop = tk.Button(root, text="?", width=6, height=3, font=("Arial", 20, "bold"),

                            command=lambda r=i, c=j: self.klik_kaart(r, c), bg="lightgray")

                knop.grid(row=i, column=j, padx=5, pady=5)

                rij.append(knop)

            self.buttons.append(rij)


    def klik_kaart(self, rij, kolom):

        if len(self.gekozen_kaarten) == 2:

            return  # Voorkom dat meer dan 2 kaarten tegelijk worden gekozen


        knop = self.buttons[rij][kolom]

        kaart = self.kaarten[rij * 4 + kolom]


        if knop["text"] == "?" and knop not in self.gekozen_knoppen:

            knop.config(text=kaart, bg="white")  # Toon letter
```

```python
        self.gekozen_kaarten.append(kaart)

        self.gekozen_knoppen.append(knop)


    if len(self.gekozen_kaarten) == 2:

        self.root.after(1000, self.check_paar)  # Wacht 1 seconde en controleer of het een
match is


def check_paar(self):

    if self.gekozen_kaarten[0] == self.gekozen_kaarten[1]:

        # Paar gevonden, laat de knoppen zichtbaar en schakel ze uit

        self.gekozen_knoppen[0].config(state="disabled", relief=tk.SUNKEN)

        self.gekozen_knoppen[1].config(state="disabled", relief=tk.SUNKEN)

        self.gevonden_paren += 1

    else:

        # Geen match, verberg de letters en herstel de vraagtekens

        for knop in self.gekozen_knoppen:

            knop.config(text="?", bg="lightgray")


    self.gekozen_kaarten = []

    self.gekozen_knoppen = []


    if self.gevonden_paren == 8:
```

```
        self.gefeliciteerd()


    def gefeliciteerd(self):

        messagebox.showinfo("Gefeliciteerd!", "Je hebt alle paren gevonden!")

        self.root.quit()


# Hoofdprogramma starten

root = tk.Tk()

spel = MemoryGame(root)

root.mainloop()
```

Hoe te spelen?

1. **Klik op een kaart** om de letter te onthullen.
2. **Klik op een tweede kaart** en probeer een match te vinden.
3. **Bij een match blijven de kaarten zichtbaar**, anders worden ze na 1 seconde verborgen.
4. **Vind alle paren om te winnen!** 🎉

Mogelijke uitbreidingen

- Voeg een **timer** toe om de tijd te meten.
- Houd een **score** bij van het aantal pogingen.

Wil je een **EXE maken**? Gebruik:

```
pyinstaller --onefile --windowed memory_game.py
```

Veel plezier! 🎮🚀

17. De meest populaire Python-pakketten

Hier is een uitgebreid overzicht van enkele van de meest populaire Python-pakketten die beschikbaar zijn via `pip`, samen met een korte uitleg van hun gebruik en toepassingen:

1. **NumPy**: NumPy is een fundamenteel pakket voor wetenschappelijk rekenen in Python. Het biedt ondersteuning voor grote, multi-dimensionale arrays en matrices, samen met een uitgebreide verzameling wiskundige functies om hiermee te werken.

2. **Pandas**: Pandas is een open-source bibliotheek die krachtige data structuren en tools biedt voor data-analyse. Het is gebouwd op NumPy en vereenvoudigt data-manipulatie en analyse met zijn primaire data structuren: Series en DataFrame.

3. **Requests**: Requests is een eenvoudige en elegante HTTP-bibliotheek voor Python, ontworpen om HTTP-verzoeken gemakkelijk te maken. Het wordt vaak gebruikt voor het ophalen van webpagina's of het communiceren met web-API's.

4. **Matplotlib**: Matplotlib is een uitgebreide bibliotheek voor het maken van statische, geanimeerde en interactieve visualisaties in Python. Het wordt vaak gebruikt voor het plotten van grafieken, histogrammen en andere visualisaties.

5. **Scikit-learn**: Scikit-learn is een machine learning-bibliotheek voor Python die eenvoudige en efficiënte tools biedt voor data-analyse en -modellering. Het ondersteunt verschillende algoritmen voor classificatie, regressie en clustering.

6. **Flask**: Flask is een micro webframework voor Python dat wordt gebruikt voor het ontwikkelen van webapplicaties. Het is lichtgewicht en flexibel, waardoor het ideaal is voor kleine tot middelgrote projecten.

7. **Django**: Django is een hoogwaardig webframework voor Python dat de snelle ontwikkeling van veilige en onderhoudbare websites bevordert. Het wordt geleverd met veel ingebouwde functionaliteiten, zoals authenticatie en een ORM.

8. **Beautiful Soup**: Beautiful Soup is een bibliotheek voor het parseren van HTML en XML-documenten. Het wordt vaak gebruikt voor webscraping, waarbij gegevens uit webpagina's worden geëxtraheerd.

9. **TensorFlow**: TensorFlow is een open-source bibliotheek voor numerieke berekeningen en machine learning. Het wordt vaak gebruikt voor het bouwen en trainen van neurale netwerken en andere machine learning-modellen.

10. **PyTorch**: PyTorch is een open-source machine learning-bibliotheek die wordt gebruikt voor toepassingen zoals computer vision en natuurlijke taalverwerking. Het biedt een flexibel en dynamisch computationeel grafiekmodel.

11. **SQLAlchemy**: SQLAlchemy is een SQL-toolkit en Object-Relational Mapping (ORM) bibliotheek voor Python. Het biedt een volledige suite van goed ontworpen API's voor high-level database interacties.

12. **Pillow**: Pillow is een fork van de Python Imaging Library (PIL) en biedt uitgebreide mogelijkheden voor het openen, manipuleren en opslaan van vele verschillende beeldformaten.

13. **Celery**: Celery is een asynchrone taakqueue/jobqueue gebaseerd op gedistribueerde berichtgeving. Het wordt gebruikt voor het uitvoeren van realtime bewerkingen in de achtergrond van applicaties.

14. **pytest**: pytest is een framework voor het eenvoudig en schaalbaar testen van Python-code. Het ondersteunt fixtures, parametrisatie en heeft een rijke plug-in architectuur.

15. **Seaborn**: Seaborn is een Python-visualisatiebibliotheek die is gebaseerd op Matplotlib. Het biedt een hoog niveau interface voor het tekenen van aantrekkelijke en informatieve statistische grafieken.

16. **Jupyter Notebook**: Jupyter Notebook is een open-source webapplicatie waarmee je live code, vergelijkingen, visualisaties en verhalende tekst kunt creëren en delen. Het wordt veel gebruikt in data-analyse, wetenschappelijk onderzoek en machine

learning.

17. **Scrapy**: Scrapy is een open-source en collaboratief webcrawling framework voor Python. Het wordt gebruikt om efficiënt en op een snelle manier webpagina's te extraheren en te verwerken.

18. **Keras**: Keras is een open-source neural network library geschreven in Python. Het is ontworpen om snel te kunnen experimenteren met deep learning en is gebouwd bovenop TensorFlow.

19. **NLTK (Natural Language Toolkit)**: NLTK is een toonaangevende platform voor het bouwen van Python-programma's om met menselijke taal te werken. Het biedt eenvoudige interfaces naar meer dan 50 corpora en lexicale bronnen.

20. **OpenCV**: OpenCV is een open-source computer vision en machine learning softwarebibliotheek. Het bevat meer dan 2500 geoptimaliseerde algoritmen voor beeldverwerking en computer vision.

21. **Twisted**: Twisted is een event-driven netwerkprogramma framework geschreven in Python. Het ondersteunt veel protocollen en wordt gebruikt voor het bouwen van netwerkapplicaties.

22. **PyGame**: PyGame is een set van cross-platform Python-modules die zijn ontworpen voor het schrijven van videogames. Het bevat computer graphics en geluid bibliotheken om het maken van games te vergemakkelijken.

23. **Paramiko**: Paramiko is een Python-implementatie van het SSHv2-protocol, met ondersteuning voor zowel client- als serverfunctionaliteit. Het biedt de mogelijkheid om veilige verbindingen te maken voor het uitvoeren van opdrachten en het overdragen van bestanden.

24. **Boto3**: Boto3 is de Amazon Web Services (AWS) Software Development Kit (SDK) voor Python, die de integratie van uw Python-toepassing met AWS-diensten zoals S3, EC2 en DynamoDB vergemakkelijkt.

25. **Pytest**: Pytest is een krachtig testframework voor Python dat het schrijven van eenvoudige en schaalbare testcases mogelijk maakt. Het ondersteunt fixtures, parametrisatie en heeft een rijke plug-in architectuur.

26. **Selenium**: Selenium is een krachtige tool voor het aansturen van webbrowsers via programma's en het automatiseren van browseracties. Het wordt vaak gebruikt voor het testen van webapplicaties.

18. Toekomstige Leren in Python: Welke Richting Kies Jij?

Je hebt de basis van **Python** geleerd – gefeliciteerd! 🎉 Maar wat nu? Python is een krachtige en veelzijdige programmeertaal die in veel verschillende vakgebieden wordt gebruikt. Afhankelijk van je interesse kun je verschillende richtingen inslaan. In deze gids bespreken we de belangrijkste paden en welke extra kennis je nodig hebt om verder te groeien.

1. Data Science & Machine Learning

Wil je werken met grote hoeveelheden gegevens, voorspellingen doen en patronen ontdekken? **Data Science en Machine Learning** zijn razend populair en Python is een van de beste talen voor deze gebieden.

🎛️ Wat je nog moet leren:

- **NumPy & Pandas** – Werken met arrays, tabellen en datasets.
- **Matplotlib & Seaborn** – Data visualiseren met grafieken.
- **Scikit-learn** – Machine learning-algoritmes gebruiken.
- **TensorFlow/PyTorch** – Neurale netwerken en deep learning.
- **SQL** – Data ophalen uit databases.
- **Statistiek & wiskunde** – Kansberekening, regressie, matrices.

🔥 Wat kun je ermee doen?

- Voorspellende modellen bouwen (bijvoorbeeld weersvoorspellingen).
- Klantgedrag analyseren en aanbevelingssystemen maken.
- AI trainen om afbeeldingen en tekst te herkennen.
- Data visualiseren en inzichtelijk maken voor bedrijven.

🚀 **Aanbevolen volgende stap:** Probeer een klein **data-analyseproject** met Pandas en Matplotlib, zoals het analyseren van een dataset met verkoopcijfers.

2. Webontwikkeling

Wil je interactieve websites en webapps maken? Dan is **webontwikkeling** iets voor jou! Python biedt krachtige frameworks om snel webapplicaties te bouwen.

🎖 Wat je nog moet leren:

■ **Flask of Django** – Webframeworks om webapps te bouwen.
■ **HTML, CSS & JavaScript** – Frontend-technologieën voor de gebruikersinterface.
■ **SQL & databases (PostgreSQL, SQLite, MySQL)** – Gegevens opslaan en beheren.
■ **REST API's** – Webservices bouwen en gebruiken.
■ **Authenticatie & beveiliging** – Gebruikersaccounts en autorisatie beheren.

🔥 Wat kun je ermee doen?

- Websites en dashboards bouwen.
- Een backend voor mobiele apps maken.
- Webapplicaties ontwikkelen zoals blogs of online winkels.
- API's bouwen om data aan andere systemen aan te bieden.

🚀 **Aanbevolen volgende stap:** Maak een eenvoudige **to-do lijst webapp** met Flask of Django.

3. Automatisering & Scripting

Wil je saaie taken automatiseren en tijd besparen? Python is perfect voor **automatisering en scripting**!

🎖 Wat je nog moet leren:

■ **OS & shutil** – Werken met bestanden en mappen.
■ **Requests & Beautiful Soup** – Webscraping en data verzamelen van websites.
■ **Selenium** – Browsers automatiseren en testen.
■ **Regular Expressions (re-module)** – Tekst en patronen herkennen en manipuleren.
■ **PyAutoGUI** – Muis- en toetsenbordacties automatiseren.

🔥 Wat kun je ermee doen?

- Bestanden hernoemen of sorteren in bulk.
- Automatisch e-mails versturen.
- Gegevens van websites verzamelen en verwerken.
- Webpagina's en formulieren automatisch invullen.
- Rapporten en grafieken genereren.

🚀 **Aanbevolen volgende stap:** Schrijf een script dat **automatisch de weersvoorspelling ophaalt en in een bestand opslaat**.

4. Game Development

Wil je je eigen **games** maken? Python biedt frameworks om 2D-games en zelfs 3D-games te bouwen.

🗨 Wat je nog moet leren:

■ **Pygame** – Basisbibliotheek voor 2D-spellen.
■ **Godot (met Python GDScript)** – 2D/3D game engine.
■ **Unity (met C#)** – Wil je verder dan Python? Unity gebruikt C#.
■ **Fysica & wiskunde** – Bewegingslogica en botsingen.

🔥 Wat kun je ermee doen?

- Eenvoudige **arcade games** maken (zoals Snake of Pong).
- Complexere **platformers en RPG's** bouwen.
- Fysicasimulaties en AI toevoegen aan games.

🚀 **Aanbevolen volgende stap:** Maak een eenvoudige **Snake-game** met Pygame.

5. Cybersecurity & Ethical Hacking

Ben je geïnteresseerd in **beveiliging, hacking en penetratietesten**? Python wordt veel gebruikt in cybersecurity.

🗨 Wat je nog moet leren:

■ **Socket-programmering** – Netwerkverbindingen en servers bouwen.
■ **Cryptography module** – Encryptie en hashing toepassen.
■ **Scapy** – Netwerkpakketten analyseren en manipuleren.
■ **Ethical hacking tools zoals Metasploit & Nmap**.

🔥 Wat kun je ermee doen?

- Netwerken en systemen testen op kwetsbaarheden.
- Geautomatiseerde security-scanners bouwen.
- Beveiligingssoftware ontwikkelen.

🚀 **Aanbevolen volgende stap:** Leer hoe je **een eenvoudige netwerk scanner** maakt met Python.

6. Kunstmatige Intelligentie & NLP (Natural Language Processing)

Wil je dat computers **taal begrijpen en genereren**? NLP en AI worden steeds belangrijker!

🗨 Wat je nog moet leren:

■ **NLTK & SpaCy** – Taalverwerking en tekstanalyse.
■ **Transformers (Hugging Face)** – AI-modellen zoals ChatGPT gebruiken.
■ **Speech Recognition** – Stem omzetten naar tekst.
■ **Text-to-Speech (TTS)** – Tekst laten spreken.

🔥 Wat kun je ermee doen?

- Chatbots en spraakassistenten bouwen.
- Tekstanalyse en sentimentanalyse doen.
- Automatische samenvattingen en vertalingen maken.

🚀 **Aanbevolen volgende stap:** Maak een **chatbot** die vragen beantwoordt met NLTK of Transformers.

Welke richting past bij jou?

Hier zijn enkele suggesties afhankelijk van je interesses:

- **Vind je data en patronen interessant? → Data Science & Machine Learning**
- **Wil je websites bouwen? → Webontwikkeling**
- **Wil je repetitieve taken automatiseren? → Automatisering & Scripting**
- **Wil je games maken? → Game Development**
- **Wil je netwerken en systemen beveiligen? → Cybersecurity**
- **Wil je AI en spraakherkenning gebruiken? → AI & NLP**

Bonus: Algemene Vaardigheden om verder te groeien

- **Git & GitHub →** Versiebeheer en samenwerken aan projecten.
- **Command Line (Bash/Powershell) →** Efficiënter werken met scripts.
- **Unit Testing (pytest, unittest) →** Code testen en debuggen.
- **Linux & Servers →** Webapplicaties en AI-modellen hosten.

Samenvatting

*Python biedt **veel mogelijkheden** en je kunt je carrière bouwen in verschillende richtingen. Kies een gebied dat je interesseert, leer de bijbehorende tools en frameworks en begin met **kleine projecten**.*

🚀 ***Start vandaag!*** *Kies een richting, bouw een project en blijf leren. Python is een krachtig gereedschap, en jij hebt nu de basis om verder te groeien!* 👍👍

Extra: Python cheat sheet

Basis Syntax:

Printen:
```
print("Hallo, wereld!")
```

Variabelen:
```
x = 10
naam = "Jan"
```

Commentaar:
```
#Hier is een commentaar
```

Data Types:
String:
```
tekst = "Python"
```

Integer:
```
getal = 5
```

Float:
```
prijs = 5.99
```

Boolean:
```
waar = True
```

Lijsten (Lists):

Maak een lijst:
```
lijst = [1, 2, 3, 4]
```

Toegang tot elementen:
```
print(lijst[0]) # Eerste element
```

Lijstmethoden:
```
lijst.append(5) # Voeg element toe
lijst.remove(3) # Verwijder element
```

Tuples:

Maak een tuple:
```
tuple_voorbeeld = (1, 2, 3)
```

Dictionaries:

Maak een dictionary:
```
dict_voorbeeld = {"naam": "Jan",
"leeftijd": 25}
```

Toegang tot waarden:
```
print(dict_voorbeeld["naam"]) #
Geeft "Jan" terug
```

Conditionele Logica:

If-statement:
```
if x > 5:
print("x is groter dan 5")
elif x == 5:
print("x is gelijk aan 5")
else:
print("x is kleiner dan 5")
```

Loops:

For-loop:
```
for i in range(5): # Van 0 t/m 4
print(i)
```

While-loop:
```
count = 0
while count < 5:
print(count)
count += 1
```

Functies:

Definieer een functie:
```
def begroet(naam):
print(f"Hallo, {naam}!")
```

Functie aanroepen:
```
begroet("Jan") # Geeft "Hallo, Jan!"
terug
```

Klassen en Objecten:

Definieer een klasse:
```
class Persoon:
def init(self, naam, leeftijd):
self.naam = naam
self.leeftijd = leeftijd

def zeg_hoi(self):

print(f"Hallo, ik ben {self.naam}
en ik ben {self.leeftijd} jaar oud.")
```

Maak een object:
```
persoon1 = Persoon("Jan", 25)
persoon1.zeg_hoi() # Geeft "Hallo,
ik ben Jan en ik ben 25 jaar oud."
terug
```

Importeren van Modules:

Importeer een standaardmodule:
```
import math
print(math.sqrt(16)) # Geeft 4.0
terug
```

Bestanden:

Bestand lezen:
```
with open('bestand.txt', 'r') as
bestand:
inhoud = bestand.read()
print(inhoud)
```

Bestand schrijven:
```
with open('bestand.txt', 'w') as
bestand:
bestand.write("Hallo, wereld!")
```

Fouten en Uitzonderingen:

Try-except blok:
```
try:
x = 1 / 0
except ZeroDivisionError:
print("Kan niet door nul delen!")
```